قلبي اللي عِشقِك

الأعمال الكامله :طارق التريري

طارق التريري

طارق التريري, Published by 2022.

قلبي اللي عِشقِك

First edition. June 10, 2022.

Copyright © 2022 طارق التريري.

ISBN: 979-8223436799

Written by طارق التريري.

لكُل مُحبي الشعر أتمنى يكون العمل نال رضاكم

طارق التريري

رايحين لفين

قلبي اللي عشقلك ناس وطين
بدو وصعايده وفلاحين
ناس م الحضر ناس م النجوع
وكتير غلابه مُهمشين
عشقلك وياما كتير صَبر
ولا مره مل من الحنين
لكنو دايماً يسألك
رايحين لفين؟
وازاي يجيلك نوم ساعات؟
رغم انكسارك والآنين
نُص العيال ب يموتوا جوع
والتانى علشانك سجين
وتلمي قُوتك م النجوع
وتفرقيه ع الجلادين
ومايشبعوش ولايحمدوه
ويفتشوكى الباقي فين؟
وبتجبرينا على المزيد
وب تبكي بس أروح لمين؟
نديكى قُوتهُم للعيال
ونبات عشانك جعانين

1

وتلمي فيه وتجمعيه
وتفرقيه ع الجلادين
وب نسألك نفس السؤال
راح نعمل ايه ورايحين لفين؟

يا عُمر ضاع

ويا عُمر ضاع
في يادوب كلام شِبه الكلام
لا طرح ورود ولا جاب ردود
ولا سا بني انام
لا النهر فاض ولا علم فاد
ولا روحي عرفت الانسجام
كُل اللي خدتو
من الحياه
حُزني اللي واصل مُنتهاه
وهموم ب تسكّني ب غرام
تهدا ف ساعات وتزوم ساعات
وكتير ب ترجع ب انتقام

النايب والنايبه

صباح خايب يا دا النايب
صباح أخيب يادى النايبه
مليتوها خزاينكُم
وشاغلينا بحاجات خايبه
بنستنى الأمل منكُم
نلاقيكُم حبال دايبه
نعاود تاني ونلومنا
صحيح احنا اللي ناس عايبه
يادوب نفرز صناديقكُم
وبعديها الوشوش غايبه
واهي بتعلا عمايركُم
فيرانا في العشش سايبة
ويتظبط محاسيبكُم
عيالنا جنبنا قاعده
وبكره تعودوا من تاني
ودا النايب ودي النايبه
وتتنازلوا عشان الصوت
تبُصوا في خِلق عايبه
تُرصوها وعود ووعود
وف الأخر حاجات خايبه

ونوينا نفُضها خالص
بلا نايب بلا نايبه

يا حُزنها

ويا حُزننا ويا حُزنها
لما المزاج ب يهفها
تفضل تعاند في الجميع
وتنقي اوسخ نبتها
تترجى خير وتقول خلاص
هانت وجاي يحلها
هوا اللي فاهم م القطيع
هوا اللي عارف أهلها
تديلو مفتاح الكرار
تديلو كلمة سرها
وحاجات يبيع وحاجات تضيع
تصرُخ تشد ف شعرها
ترجع تنادي وتستغيث
والصمت بس يلفها
شورها البديع كتم الجميع
والباقي سكنوا في سجنها

موال مصر

مصر لصُحابها بس وعيالهُم
واللي ب سعاده وعز داعيالهُم
ب يناسبوا بعض يورِثوا عيالهُم
والباقي طُز وطُز ف عيالهُم
الدوله دي مِلكُهُم
مينا كتبهالهُم
واحنا اللي لينا الصبر
والخدمه في عيالهُم

مصر يابتاعة الغلابه

مصر يابتاعة الغلابه
بس؟ فى كتاب التاريخ
واما ب نشوف الحقيقه
نلقى ريحة الكون فسيخ
شعب نايم دوله شاخت
واللي حاكمها المسيخ
نصبوه سيد العباقره
واللي فالح فيه الصريخ
فى السياسه يادوبو جاهل
والثقافه طخ طيخ
اما فى التعليم ف حدث
دون حرج واديلو سيخ
والبلد؟ بيقول بتاعتو
وكُلُهُم جُند المسيخ
واحنا لو ننطق ح نلبس
كُلنا ويجمعنا سيخ
نلتزم؟ ح نعيش معاهُم
نَمرده؟ نشم الفسيخ
واللي فاح من كُل حته
إلا فى كتاب التاريخ

اللي كاتبو كلاب كلابهُم
والحقيقه؟ طخ طيخ
ف مصر دي بتاعة الغلابه
بس؟ فى كتاب التاريخ

فاصل دندنه

بعد فاصل دندنه

ييجي كام مليون سنه

طبالين من كُل حته

رقاصين صُنعة هنا

يرسمولك وهم كادب

ويقولولك بالهنا

وانتا مستغرب كأنك

يعني مش مولود هنا

أو كأنك حد تاني

لسا داخل مصرنا

واندهاشك مش طبيعي

أو نفورك مننا

احنا زيك (كُنا) زيك

كان بيدهشنا انهزامنا

وكان بيكسر قلبنا

إننا نأجل أملنا

أو نساوم حلمنا

هوا يصغر واحنا نكبر

والمشيئة تهدنا

مش مشيئة رب ابداً

لأ دا دين من صُنعنا

واحنا غُلمانو وعبيدو

والقلوب مش مؤمنه

غير ب ان الصبر نعمه

وان لازم دندنه

وان طرح الحلم مُمكن

بس طبعاً مُش هنا

ولو انتا مصري

ولو انتا مصري هاردلك
مهزوم وكُل الدُنيا عك
والحلم قرب فجأه فك
فيك البقيه وعُمر لك
دايماً في ورطه وع المحك
تُصبُر تكابد تتهلك
وتثور تعاند تتفرك
مليون مُحقق يسألك
وف أي تُربه يدخلك
تلقى الجميع مستنظرك
ماهو برضو زيك هاردلك
كان برضو حالم واتهلك
فلو انتا مصري هاردلك
حلفت ما تصفى الدُنيا لك
شياطين ب تنهش ليل نهار
ولامره ب تقابل مَلَك
تندب وتُصرخ تستغيث
ويادوبو يمكن يوصلك
ضل الرغيف دا ان حصلك
بعد اما عدى على الملوك

مصوه وبعتوا نخالتو لك
معمول حسابك بس جوع
اما الشبع ب يبطرك
ويخلي دمك يااااه تقيل
وتصير لعين ما اكفرك
تفضل تلسن ع الملوك
وساعتها لازم نخسرك
ونعود نردد في النشيد
نهتف نقولك هارد لك

احنا وانتوا

وانتوا العساكر واحنا فيها الفلاحين
نزرع غيطانها وننتظر ومسيرها حين
يطرح ثمرها ونبتسم ييجي اللعين
ويحشوا كُلوا وينهبو ويسيبها طين
حتى البهايم تلعنوا ونقول امين
انتوا العساكر واحنا بيها المُغرمين
ب نصون شرفها ونحفظو لو حتى مين؟
بصدورنا عاريه وفقرنا وعشق السنين
دايس تُرابها ب ندفنو ويعلا اليقين
إن البلد دى ب شعبها وب المؤمنين
ابداً لا يُمكن تنهزم ولا تستكين
وتكون كُروشكُم دلدلت متمرمغين
في نعيمها بس ب تهبشوا واحنا الحزين
نستنى نسمع نعيُكُم يوم اليقين
انتو المقاول واحنا فيها البنايين
ب نبوس في طوبها نعطرو بدعوة امين
تعلا المداين يتسعِد فيها الحزين
ويلاقي أوضه ويتحسب م المستورين
تكبر عماير تتنهب تصبح خزين
في حساب ذ ممكُم ننقهر ونقول يامين؟

وانتوا الخوارج فوق منابر كدابين
ب تبخوا فينا سمكُم وتقولوا دين
ابعد ما يُمكن مننا ومن أي دين
عارفين ب يغضب ربنا ومتأكدين
لكن طلبكُم عندُهُم ف مصممين
ب تبيعوا اخر سترِكُم لو حتى دين
وانتوا العساكر والمقاول والخوارج واللعين
وكتير ب نحسب مننا ويطلع كوهين
واحنا اللي أخر صبرها وفينا اليقين
ابداً ماتركع عُمرها ولا تستكين

قلبي اللي عشقك

قلبي اللي عِشقِك من زمان
من ييجي كام مليون سنة
من قبل مايكون الزمان
قبل القصايد والغُنا
كتبك نشيد على طول جديد
رسمك في قلبو سوسنة
ومضللله لكل الغُزاه
سيباني وحدي وبس انا
ولا مره حتى تبلي ريق
وتقولي واحد مننا
هُما اللي بس يكونوا سِيد
ونصير عبيدهُم كُلنا
مع إن عُمرو ما مدوا إيد
ولا شقوا ف ترابك قنا
لكن ب يستلموا الرصيد
والدين ب يبقى ب إسمنا
وتقربي وتدي البعيد
لو حتى لُقمه ف بُقنا
نسهر ونغزلك جديد
ونقول تعيد عندنا

ومعطرين حرف النشيد

ومسمعينو كتير غنا

يمكن تحني على القريب

وينوبو يوم منك هنا

قلبي اللي عشقك من زمان

من بيجي كام مليون سنه

بقي همو فيكى يادوب أمان

ومافيش طموح ولا فيش غُنا

من كُتر ما ملكك جبان

من كُتر ما اتهدم بُنا

واتهد خيلك واستكان

وب ايدي بعلفهُم انا

بقى زينه بس وذكريات

أمجاد وكانت يوم لنا

المهدى جاي

والمهدي جاي

وجايه من خلفو الجيوش

رَفَعِت راياتها اتِجهِزت

باقي الرتوش

ويا كُفر قلبك لو عِمِيت

وماشُفتهوش

وبديت تجيش في الغنم

مايصدقوش

هاله البشاير واتملت

رُعب الوشوش

الكافره بيه وب جِيتو

وماليه الكروش

طمعانه ننكر حلمنا

ومانكملوش

نُعبُد صنمهُم نِعشقوا

ونطلع فاشوش

من غير إله من غير سُنن

ونكون هاموش

يتهش وقت ما يُؤمروا

وتبقى الكروش

مفتوحه تطحن حلمنا
وما ب يشبعوش
مُلك الإله مكتوب لُهم
واحنا الجيوش
نُحرُس نوسع مُلكُهُم
ومايخلَصوش
ويورثونا لبعضُهُم شبه الرتوش
يبقى اللي فاضل لينا
مهدي ماننكروش
نستني يطلع فجرو وتهل الشموس
ترفع راياتها وتنطلق منا الجيوش
نشوانه تزرع في الفرح
وتزيل عروش
قتلانا ماصه ف دمنا
وماليه الكروش
والمُلك ليهُم والحياه
واحنا الفاشوش
والمهدي جاي ب نعشقوا
ومابننكروش

خلصت خلاص

خلصت خلاص

ناويين خلاص

سكة هروب

من أسر ويكون الخلاص

ناويين يامصر نبطللك

ويكون خلاص

م الهم كُلو من الوجع

يفضالنا راس

من يوم ميلادو مصدعو

ب قصة خلاص

ابداً ما تمت كملت

عرفت خلاص

في بلاد ب تعشق ذُلها

وكارهه الخلاص

والحل يبدو ف شرعها

نبطل خلاص

نحلم ب قُربو لفجرها

وضي الخلاص

من ليل طويل ب يلفها

وفاكراه خلاص

كل اما نصرخ ننفجر
ونقول خلاص
تفتح ايديها وتحضنو
وتهتف خلاص
دا غفيري حس ب غلطتو
مسامحاه خلاص
وفطيس يروح اللي انقتل
دم وخلاص
كان حلمو يدفع مهرها
يجيب الخلاص
لكن تحن لأصلها
وفاكره الخلاص
في غفير ب ينهش عرضها
وخلصت خلاص
والحلم بس نفُضها
وننوي الخلاص
نرتاح يامصر نبطلك
واهو دا الخلاص
وتدومي خالده لعسكرك
فيه الخلاص
يحفر في قبرك يدفنك

خلصت خلاص

مين ولادها

وايه يعنى شعر وفلسفه
وعُلماء ودين
على كام شويه
بوهيجي م الرسامين
مع كام مُثقف
في الغرز متجمعين
وشباب كتير
من غير عدد متحنطين
يستنوا بُكرا اللى اتصلب
ومعاه سنين
ضنت تعاند حلمُهُم
ويروحوا فين؟
مع كام حلنجي
بتوع أدب م الموهومين
ان الجميع ابناء وطن
شُركاء في طين
من بدرِي باعوا وفرقوا
وقبض الحزين
وكلام كتير
قلة ادب
مش محتاجين
يا تِنقي قبرك تحفرو
وتغرس في طين
اصبح بتاعهُم ملكُهُم
وانت ابن مين؟

ابن القصايد والوجع

وابن الأنين

وابن اللي ماسك جمرتو

وكاويه الإيدين

بس ينادوه لما ب تُقع

ويسد دين

اكلوه وحلو وفرفشو

وغسلو الإيدين

وباقيلو بس المرمطه

وهمسو الدفين

ومابين ضلوعو ب يكتمو

وخايف يبين

ل احسن عيونُهم تلمحو

ويدخُل في سين

ازاي يفكر يعترض

هوا ابن مين؟

لو ظن يوم انو ابنها ؟

دا يكون لعين

ابناءها بس اللي ارتشُم

والمخبرين

وبتوع نماين والعسس

وبتوع امين

وبتوع جنابك فرحنا

وسعد السنين

وانتا استجابه ربنا

ونصرو المبين

شيوخ الخوف

أولاد الزانيه شيوخ الخوف
أولاد الزانيه شيوخ العرص
نايمين صاحيين حاضنين الخوف
نايمين صاحيين وب نفس الدرس
ب أصول الشرع وحُكم الدين
في وجوب تعظيم مولانا العرص
ولواطه وقلة دين وخضوع
ومجالس عهر دا غير اللحس
شراميط وب يفتوا بإسم الدين
ودقون تحسبها لزوم الكنس
على حتة وشم رقيق ملزوق
منحوت بعنايه ف وش العرص
وتشوفو تقول دي قيام الليل؟
اتاريه بيرسمها لزوم الدانس
على حسب السهرة يكون اللون
وكمان ب مزاج مولاه العرص
وساعات بتكون حسب الألوان
للبدله وبرضو ف لون البانص
مع كوم ماكياج على وش البوم
وتشوفو تقول ممنوع اللمس
وبراءة ايه؟ وطهارة؟ ايه
مع انو رتوش مليان العرص
ويقوم وينام ومافيش في الدين
غير بس وجوب تعظيم العرص
وتخُش معاه في صحيح الدين

فيقوم متنرفز لاغي الدرس
وياعم الشيخ دا الحلم جميل
يصرخ وينادي كلاب العرص
ياخدوك لمكان
مافيهوش م الدين
غير بس وجوب تعظيم العرص
ويإما تموت فيك الدين
ويا إما تموت فيك العرص
أولاد الزانيه شيوخ الخوف
أولاد الزانيه شيوخ العرص
صاحيين نايمين يرعبهُم خوف
نايمين صاحيين حافظين الدرس
وكأن الدين يانعيشو ف خوف
ويإما نعيشو سجود للعرص

جعفري

جدهُم خُنفُس جمعهُم

قبل ما يموت اللعين

حلفوا مايحبوا البلد دي

وفضلوا فيها مكملين

يشربوا ف دم الغلابه

كُل وقت وكُل حين

كوم غجر مخلوط نسبهُم

من دا شَعر ومن دا عين

وإما تتكلم كأنو

من الصحابه ابن اللعين

وأُمو كانت جايه ترقص

في الفرح وتقول يازين

للودع نضرب نبين

واحنا كُنا الطيبين

في البلد سبناها تولد

قُلنا ترتاح اليومين

بعدها تلم في وسخها

وتختفي ف هم السنين

نزلت عُهر الغوازي

ولفتو في توب الحزين

وابتدت تُصرُخ تولول

بس يعني ح اروح لمين؟

وابتدت تُصرُخ قلوبنا

وابتدا الطُهر اللعين

طب خلاص نُستُر ونرحم

يبقى فضل وكُلو دين
فجأه أصبح فينا واحد
ننكره ونهمس منين؟
واختو باعت يوم شرفها
صار شريف
لكن في مين؟
وابتدا التنصيب في عيله
من عُتاه الخدامين
للصليبي ولليهودي
واللي مش معروف منين؟
واختلط فيهُم نسبهُم
من دا شَعر ومن دا عين
وابتدت تطلع قُرونهُم
باينه واضحه لكُل عين
وف ساعات الشوق ياخُدهُم
يتحفونا بكلمتين
عن فلوسهُم عن بيوتهُم
عن نفوذهُم والسنين
واحنا ب نحاول نساير
في الحياه ونقول يومين
كُل حي يروح لأصلو
وكُل دوله تدوم يومين
بس فاضت بينا زهقت
وابتدت تخرب يازين
والسفيه مابقاش ب يسكُت
لأ دا عادي وكُل حين
يرفع التكليف ويهتف
سيدها انا وفى البر مين؟

والنفوس نسيت طيبتها
وابتدت ترمي الخزين
يا ابن بنت الزانيه جدك
أصلو مش معروف منين؟
لِم أُمك لِم أُختك لِم كُل المرتاحين
من معايب الشوم في عيلتك
خلي ناسك مستورين
جدتك كانت ب تخدم
في الرومان حررها مين؟
غير جُدودنا اللي انتا فاكر
أنهُم مش محسوبين
لما نِحسِبهُم بنوصل في النسب
سيدنا الحُسين
وانتا اخرك من جدودك
جدك التالت كوهين
بعدها الأنساب ب تخرب
والنسب تلاقاه منين؟
ورغم فقري أنا برضو سيدها
وف النسب جدي الحُسين
لما تُحكُمها انتا اسيبها
ومهما تُملُك برضو طين
جنب نسب الفخر يرخص
تعرفو وتلاقاه منين ؟
لِم عارك داري نفسك
والعنو لجدك كوهين
بعدها اتوضى وشاركنا
في الصلاه لجد الحُسين
واصدُق اللعن في جدودك

واللي أخرهُم كوهين
مش فلوس الكون يا اخينا
ومش دهب ولا كُتر طين
أغلب الشُرفا استكانوا
وقرروا يعيشوا اليومين
واللي فيهُم مسخ زيك
يتفرد ويقول يا مين ؟
بس مش صمت الغلابه
لأ دا صمت المؤمنين
انها بتتنبت وسخها
وبُكرا سيد الكون دا مين؟
مِنهُم أو من عيالهُم
سُنّة الهادي الأمين
تنتصر وتزيل وسخكُم
ذُلكُم يصبح كوهين
بيه حتتعاير ولادكُم
تتبعوه في الملعونيين

ياللي فاكرين

ويا اللي فاكرين البلد دي
بكُتر علم وصدق دين
من زماااان راحت عليكُم
وانتوا فيها المفحوتين
الكرام تُلطُم وتشحت
والتحوت مستنطعين
مصوا خيرها بدرى بدرى
وانتوا لسا مأملين
جدرها الناشف حيطرح
فرع مانجا وفرع تين
والفقيه بيقول ياباسط
والغوازي يطولها مين؟
فى الرصيد أو فى المباني
وقايله رأي كمان فى دين
وكُل غازي يحُط بصمه
وينتقم م المؤمنين
ب البلد عاشقين تُرابها
بس مش م المحسوبين
من دراويش التكيه
ول الإمام متسطحين
والشعار الله يعوض
والسجون للمُحسنين
من بتوع لازم نجاهد
نحمي عرض ونحمي طين
كُنت فاكر الطين دا مِلكك؟

والمُفاجأه الطين مدين
من زمان مرهون ياسيدنا
وكُلو بُكرا يقول يادين
والنعيم فى البر كُلو
حصري ول عُشاق أمين
من بتوع كمل يا مُلهم
حتى لو خلِص الخزين
مُش مُهم الناس دي تاكُل
مُش مُهم نجيب منين
سلونا ف مد الأيادي
كأنو سُنه وشرع دين
والمُهم ان انتا تتشبع
واللي جاي يموت مدين
ويا اللي فاكرين البلد دي
ب كُتر علم وصدق دين
من زماااان راحت عليكُم
واجهزوا لمُر السنين
والشعار الله يعوض
دم كُل المُحسنين

لمؤاخذه إعلامي

كلب كان نابح تملي
للرذيل وابن التملى
وفجأه فينا بقالو ساعه
ينجعص ويقول تعاللى
ينفتح ويبُخ فينا
طفح دايم م التخلي
عن ديانتو وعن حياؤه
وعن حاجات دايماً تعلي
سُكري وضغطي وتخلي
قلبي كاره للبلد دي
واللي فيها عبيد تملي
بيركعوا لأوسخ مافيها
يزيفوا التاريخ تملي
وإن نطقنا بتبقى ليله
كوبيه وتخلي التملى
يبتدي ف وصلة نباحو
وانبطاحو للتملى
ويبقى لوم الناس علينا
غلطانين احنا وتملي
إننا نزلنا بعقولنا
للعبيط كلب التملى
ومستحيل عِالم يجادل
في الحياه واحد تملي
كُل إبداعو الخيانه
وخدمتو لسيدو التملى

بوصلتو بكُل اتجاهها
ناحية الباشا التملى

بوصلتو بكُل اتجاهها
ناحية الباشا التملى

فجأه شباكك ب يقفل

ب الرخيص انا باعني قلبِك
واشتريتو بكوم سنين
من سهر وكلام وغيه
يحكوا بيها المُنشدين
فجأه شباكك بيقفل
فجأه بتلمي السنين
فجأه وسط الكون لوحدي
ويبدء الصمت اللعين
والكلام محبوس في حلقي
والحنين يتقال لمين
ضحكتك عماله تبعد
والدفا مفارق الإيدين
صمتنا ب يفرض شروطو
وكلمه باهته ح ترضي مين؟
نار بتُصرُخ ساكنه قلبي
ولا دمع كتير في عين
عشقها كانت تشوفك
تبتسم وتقول يومين
بعدها تكوني الأميره
وابقي شادي العاشقين
فجأه شباكك بيقفل
فجأه بتلمي السنين

نصابين

وفيكى جيش م النصابين
ع الفساد متودكين
وعمرو ما بيبان أخرهم
يخلصوا ولاد اللعين
وفيكى ناس تُمضُغ وجعها
وسد جوعها يكون بطين
وامتى ناويه؟ تقُكى رهنك
يوم وتحلالنا السنين
كُل يوم ب نقول ح تفرج
والسفيه ب يقول منين؟
من خزاين ماليه كرشك
ماليه كرش الملعونين
ملعونين دُنيا واخره
والحجر بيقول امين
كُلنا مشاورين عليكُم
ندعي رب العالمين
نتوكس لو مرا فيكُم
تبقى فرحه ويوم مُبين
يتجزر يخلص خَلَفكُم
من سلالة الملعونين
خربوا الدُنيا بوسخهم
وابتدوا التخريب في دين
حسبنا الرب ونصيرنا
حسبنا ونعم المُعين
في المجاري الطافحه فينا

من سلالة الملعونين
وامتى ناويه؟
تفُكي رهنك
يوم وتحلالنا السنين

الزريبه

كُل يوم بيزيد عددهُم
واحنا مِنهُم نستجير
بُكرا تنضف بُكرا تفرج
بُكرا ليه غرقان في بير؟
بير بعيد والبير قرارو
عارفو سيدنا الكبير
اللي حولها لوسيه
واحنا سُكانها الحمير
فيه علف؟ ناكُل ونشكُر
وإن مافيش؟ نِشرب عصير
من برك كرهِت وشوشنا
وكارهه تأنيب الضمير
من وسخ محبوس في جوفها
ب نشربوا وبنقول عصير
غير سموم وراميها سيدنا
وكُلو مُدمِن للعصير
وف ساعاتٍ بنفوق نزرجن
بس بيجيلنا الكبير
وبوعودو بنهدا خالص
نبتدي نكمل مسير
ننسي أحلامنا الكتيره
وننسي بُكرا يضيع في بير
وهُما برضو يزيد عددهُم
واحنا مِنهُم نستجير
واحنا سُكان الزريبه

وهُما في القصر الكبير
سخرونا فكُل شُغله
ونفسنا ندوق السرير
وبرضو خايفين الزريبه
تعجبو لسيدنا الكبير
يعملوها كافيه لعيالهُم
واحنا في الفلاوات نسير
وابتدينا نوطي راسنا
نعشق الحلم الكبير
والزريبه دي تبقى لينا
واللي فاضل من العصير

وعود الحياه

تقدر تقول إنو الزهق
أو شبه مالل م الحياه
يمكن كمان حبة قلق
أو هم بالغ مُنتهاه
لكني ب اصبُر واصطبر
وساعات ب اعاند في الحياه
مش لاقيه حد تزهقو
وتقفل معاه
عشقت جنابي وقررت
وياغُلبي ياااه
توهب لي اغلب همها
وتتحفني اه
ولإني عارف طبعها
وساير معاه
مهما استقامت خضرت
ب تعود ل اه
وطنت نفسي
على السكن بين اه واه
مابقيتش اصدق
وعدها كتير الحياه
مهما استقامت
خضرت بتعود ل اه

عم يابتاع البنادق

عم يابتاع البنادق
عم يابتاع الوعود
والكلام من غير حُدود
مُدتك خِلصت ولسا
في الخرابه مافيش ورود
والمُهِم ان انتا عارف
اننا ملُوك الوجود
في الملاوعه وفى المِناهده
وكُتر تفسير الوعود
مية سفيه عنك يفسر
مية قناه وجاهزه الرُدود
والغوازي كتير وناويه
وبس فين هيا الوعود
طبالينك حالها واقف
خِرسوا مش لاقيين رُدود
حتى مش لاقيين جرايِد
بيها ويغطوا الوعود
واللي عامله كتير حوادث
كُل يوم ماليه الوجود
وعطر مصر خلاص ب يخلص
مهما ب تزوِد بارود
حلمك التافه قتلنا
وبحر دم على الحدود
عم يابتاع البنادق
عم يا بتّاع الجُنود

واللي ماتوا بدم بارد
حِلمُهُم يحموا الحُدود
غلبانين والأهل فُقرا
نِفسُهُم أيام تُجود
يخلص الواجب ويرجع
مُش في توابيتك يعود

عاند الحياه

ولابُد لازم تبتسم مهما الحياه

ب يزيد وجعها

وتحبسك بين اه واه

و تهد حلمك تأسرو

وبتضيع معاه

أغلب ملامحك بهجتك

وتكون وراه

شباك ستايرو مضلمه

بهتت ضياه

كُل الحاجات مُش مُمكنه

وصعبه الحياه

لكن تعافر تبتسم

تتبع خُطاه

بُرعم أماني مصممه

تعاند في اه

ماشيه الطريق ح تكملو ولمنتهاه

بس انتا لازم تبتسم

تدي الحياه

منك قناعه ب انها

اصطدمت ب ياااااااه

فارس وفارد خطوتو

وناوي الحياه

مهما استعادت طبعها

وعاندت معاه

ساعات أمير وساعات ضرير

وساعات كتير
ب اعمل ضرير
وباسيب حاجات
تسقط تُقع
اسماء لناس
ووشوش خلاص
في حياتي بدأت تتنزع
وجرفها سيل الاختبار
بدأت تدوب
هربت وشاورت للجدع
بوعود كتير
واعذار كتير
والباقي منها يادوب بُقع
وساعات كتير
ب اعمل أمير
وامنعها نفسي من الولع
شاده المسير
لحاجات كتير
ب الأمر لازم تتمنع
تنسى الغرام
بوح الكلام
تدخُل وتتدارى ف ورع
كداب صحيح
لكن مُريح
وساعات ينجي من الوجع

وساعات أسير
مسجون كسير
والقلب مليان بالطمع
تصفا الحياه
وتخف ياااه
لو مره حبه من اللوَع
والحلم يأذن بالطلوع
غامر أخيراً واقتنع
مع إن كُل علاقتي بيه
حبة خيال بس وسَمَع
وادخل بلاد
مافيهاش خريف
مافيهاش شجر ورقو بيُقَع
ومابين ضرير ومابين أمير
مخلوق أسير
مطحون وب يشوف البدع

الشيخ شخاليل والشيخ صُرصار

الشيخ شخاليل والشيخ صُرصار
والشيخه سُعاد مسؤولة الزار
بقوا فجأه ملوك عناوين الاخبار
نازل تقطيع وف دين الله
بحاجات ولا عُمرو يقولها حمار
وح نعمل ايه؟ حُكم الأيام
والدين متساب ولأي حمار
م الشيخ شخاليل للشيخ صُرصار
والشيخه سُعاد مسؤولة الزار
وكلامهُم طفح سخيف وبذيء
في الأول كُنت انا فاكرو هزار
أو قعده ف غُرزه وناس مساطيل
وحشيشها كتير مليون قنطار
بيسخنوا ميه عشان الست
ماتت وراجلها مولع نار
مُش قادر يمسك نفسو ياناس
داخل وبيهتك في الأستار
وكلام عن إنو يجوز وحلال
مزنوق؟ طفيها ف أُنثي حمار
ومعاك أسانيد ومعاك تصريح
م الشيخه سُعاد مسؤولة الزار
بس اوعى تروح لمراة الليث
دي راجلها غيور ومولع نار
ويارب يامالك للملكوت
تنهيها ب خسف وقهف ونار

على كُل بذئ بيهين الدين
م الشيخ شخاليل للشيخ صُرصار
وبالمره كمان مسؤولة الزار

كُلنا ب نُنصُب علينا

كُلنا ب نُنصُب علينا
وفى النهايه معرصين
عِرقنا بتنقح وساختو
لأ واية مستغربين
لما بنلاقى الحكايه
خوخت قلبت بطين
نتقهر ونقول غريبه
ما احنا كُنا كويسين
والسؤال واضح ودايماً
امتي كُنا كويسين
لما خُنفُس خان عرابى
وسلم القلعه اللعين
بالعساكر بالذخيره
بالجميع مستنظرين
يحلموا بنُصرة عرابى
وفجأه يلا خلاص كمين
تنتحرثورة عُرابى
وترجع الأيام لمين
ل اللي خاين ل اللي بايع
ل اللي وطى وقال أمين
مات عبيد تحت المدافع
وانصهر حُب وحنين
ولا لما الحلبي ميت
ع الخازوق مقطوع يمين
ولا لما تُشوف بلادك

تلقى كُل المُخبرين
فى الحواديت القديمه
ل البطل متربصين
سلموه وبد م بارد
لأ وايه متأكدين
إنُهم خدموا القضيه
وهُما بس المُخلصين
كانوا من برا البلد دي
ولا كانوا معرصين
نبتها ونبتة تُرابها
ويركعوا لغاصب لعين
وقبل منها كتير وياما
ياما مروا معرصين
لطخوا بإيدهُم شرفها
ولسا فينا المؤمنين
إن دا كان أكل عيشهُم
وانُهم م المعهورين
وجاى بُكرا كتير وياما
ناس حيبقُم معهورين
يبقى برضو دا أكل عيشهُم
والسنين تطوى السنين
كُل غازي يجيبو شوقو
ونبقى دايماً مؤمنين
اننا بنُنصُب علينا
وف النهايه تقول لمين؟

بلاد ماتت

انا ابن بلاد
خلاص شاخت
خلاص ماتت
هجرها الشوق
لأي كرامه أو عزه
وغارقه
في الهوان ب تدوق
ب تتهلل ل خُصيانها
ومكلومه
وخايفه تفوق
منابر عفنت صدت
مشايخ ألهت مخلوق
ب تِسجُدلو وتُأمرنا
ومرعوبه نُفُك الطوق
وغابت في الظلام راحت
بتحلم بس مش بشروق
ب طُولة العُمر للحاكم
وكُتر الهم للمزنوق
أنا وانتا وبلاد راحت
علمها مش مرفرف فوق
يادوبها ب تسندو لطولها
وبُكرا من زمان مشنوق
ماعادشي باقي غير ذكرى
ساعات ليها ب ياخُدنا الشوق

ريحة الفلوس

بُكرا يابتاع الغلابه
بُكرا ياريحة الفلوس
والجميع نشوان بيحلم
وابتدا فدعك الفانوس
رص ياما كتير أماني
وابتهج مَنَى النفوس
بس بُكرا كتير معاند
ع الجرس رافض يدوس
ييجي عند الباب ويرجع
يفتكر حرب البسوس
اللي بينها وبين جيوبنا
المُجرمه الفاجره الفلوس
واللي غاويه تروح لغيرنا
واحنا تدينا اللُبوس
واللي ويا الكُل حالمه
واحنا تتحفنا بكابوس
ننقهر كالعاده نُصبُر
بعدها نمني النفوس
إن بُكرا أكيد بتاعنا
جاي ومعاه الفلوس
تبتسم تنده علينا
تشيلنا من كشف اللُبوس
نبتسم نمضي المُعاهده
وتتوئد حرب الباسوس
والشيوخ تعطِف علينا

51

تشيلنا من كشف المجوس
يقنعوا السُلطان ب دينا
ونبتدي نشم الفلوس
مُش كتير لكن نحاول
نتستر ندفع دروس
غير مصايب غير ضرايب
بلطجه وحبة مُكوس

مصرنا غير مصرُهُم

مصرنا غيرهُم وخالص
مصرنا الحُزن الدفين
عم حمزه وعم فارس
عم حنا وشوق ياسين
للعيال تِنهي المدارس
يسندوا معاه السنين
واللي خلصت فيه ب تنزف
والبنات يستُرها مين؟
كُل يوم ب يفوت ب همو
وخوفه بُكرا يكون في دين
يكسرو يهلهل كرامتو
يمد إيدو يروح لمين؟
والبنات عماله تكبر
والسنين تملاه أنين
ياتري حيشوف فرحهم؟
ولا حتضن السنين
ويلقى نفسو خلاص بيخلص
والبنات يُسترها مين؟
مصرنا غيرهُم وخالص
مصرنا الفقر اللعين
لما يُزغرلك يمارس
كُل ملاعيبو الكهين
والعيال داخله المدارس
والجواب انا اجيب منين؟
تنكِسر قُدام عيالك

تبتدي جراحك تبين
والحكومه ف بر تاني
واحنا في البر الحزين
ويبقى عندك حل واحد
نوم كتير مع سب دين
للحكومه وللمدارس
واللي ح يخلصنا مين؟
مصرنا غيرهُم وخالص
مصرنا الحق المُبين
يعملوها تخيل علينا
وبعدها بـ يمكن يومين
يُصدُر العفو الرئاسي
وفجأه تلقى المسجونين
كُلهُم اخدوا البراءه
ويلبس التُهمه الأمين
والحيتان ترجع تحاصر
حلمنا المكلوم حزين
والبلد ترجع بلدهُم
واحنا فيها المطحونين
لأ ولازم ننتخبهُم
يدخُلوا المجلس سنين
يظبطوا القوانين عليهُم
واحنا بيها الموكوسين
وتلاقيهُم هُما هُما
ف كُل عهد مشرفين
مصرنا غيرهُم وخالص
مصرنا بتُصرُخ يامين؟
في الحُمول مره يساعدني

ويقنع الباشا الأمين
الأتاوه تخف حبه
باقي ع المحصول يومين
بعدها حياخُد نصيبو
وامتى ينسانا الكمين
اللي ليل في نهار يوقف
حال عيالنا ودا ابن مين؟
والبهايم بالبطاقه
لما بنعدي الكمين
من نيابه نروح لمركز
واللي يسقي الزرع مين؟
مصرنا غيرهُم وخالص
بس دا محتاج سنين
نكتبوا ونكتب تاريخنا
لما تنسانا السنين
كُل ده كان في الديباحه
والمُتون تحتاج جيلين
بعدها نفضي المطابع
واللي يقرا يكون فطين
يوصف الأحوال بدقه
يفتكرنا يقول أميين
ألف رحمه ونور عليهُم
كانوا ياااااااه مستحملين

نصايح صُهيونيه

دي النصيحة
ودي الطريقه
ودا المُفيد
إنو كُلو يتوه وينسى
حتى يوم ذكرى الشهيد
غرقوهُم في التفاهه
واسجنوهُم كالعبيد
جوا دايره هم طافح
تنتهي برايه ونشيد
كُل واحد عندو رايتو
وكُل واحد لُه نشيد
وكُل دايره تجيب دواير
تفترق وتروح بعيد
وبرضوا ترفع رايه تانيه
وتجتهد تعمل نشيد
وتتملى بلادهُم غوازى
وطبالين لاجل النشيد
والنُهوض يصبح أغاني
وانتظار ساعي البريد
وفي النهايه حينسوا خالص
قصة إن الإيد في إيد
تبني أُمه وشُعب واحد
يبتدي يسوقهُم بليد
حلمُهُم قعدة تسالي
يشتروا موبايل جديد

واللي راح ربك يعوض
واللي جاي أكيد سعيد
فيه معونه خلاص ح توصل
جايه م العم البعيد
ليل نهار شغال يخطط
واكتفُم هُما بنشيد
فرقوهُم شتتوهُم
ييجوا بُكره يبوسوا إيد
ياما حِلموا ح يقطعوها
وياما غنوا ف مية نشيد
وانهارده انتُم سيادهم
والجميع ب يبوس فى إيد
يبقا دي هيا النصيحة
ودي الطريقة ودا المُفيد

لا الحلم ولا الحنين

ضيعت كتير ياقلبي
ضيعت كتير سنين
ورسمت كتير أماني
وزرعت كتير حنين
ومستني تشوف حصادك
فجأه بتلقى الآنين
جايلك ياخُد بتارو
منك من دي السنين
دبلت فيك الأغاني
وانفضوا المُنشدين
ويا تشوفلك حل تاني
يا تسلِم للسنين
وتفاوض في الليالي
وتخلوا اليوم يومين
يوم تلعق فيه جراحك
والتاني يكون آنين
ضيعت كتير ياقلبي
واللي ما ضيعش مين
دور واسأل صُحابك
تلقاهُم مجروحين
واتفاوضوا مع الليالي
واتفقوا اليوم يومين
والكُل جراحو نادت
لكن عامل كهين
مستني يشوف أخرها

أو يوم يهرب منين
أهبل والله زيك
حلمان يرتاح يومين
ساذج ناسي المُعاهده
بينو وبين السنين
والعهد صريح وواضح
تبقى الأيام يومين
يوم يلعق فيه جراحو
والتاني يكون آنين
ضيعت كتير ياقلبي
واللي ماضيعش مين
مين حلمو فيوم صفالو
وخد حقو من السنين
غير اللي ارتاح وطاوع
ماعاندشي فدي السنين
خلاها تعدي جنبو
من غير مايقول دي مين
ولاعُمرو فيوم سألها
الحلم طريقو فين؟
ضحكت قالت دا عاقل
راضي بحُكم السنين
خليه عايش في حالو
ونشوف الباقي فين
عُشاق نحلم نعاند
ونشوف ح تكون لمين
واهي كسبت فيك رهانها
واللي حيغلبها مين؟
غير واحد مُش في بالو

لا الحلم ولا الحنين

لا الحلم ولا الحنين

ابو خمسين في %الباشا

وابو خمسين في الميه الباشا
والنابغين واقفين في طابور
وبيستنوا يِحن الفاشل
يمنحهُم في بلدهُم دور
حاجز كُل الكون لقريابو
ولأعوانو مُلوك الزور
جنة مصر يادوب علشانهُم
واحنا فمليون داهيه نغور
والتجريف محسوب وبدقه
وكلو قانوني وبالدستور
والباقيين معروف تصنيفهم
كام مسكين مغسوله دماوغو
وكم مسكين بيلف كتور
يحلم بس يجيب قوت يومو
وساكن دايره تلف تدور
ولما يحاول مره يفكر
مليون كلب يهدوا السور
تفضل تنهش جوا في روحو
وفجأه يغور واهو صابو الدور
واللي بيكشف طبعاً صادق
ده التقرير وادي الدُكتور
وبرضوا الباشا يخلف فاشل
وبمقبول يتهد السور
سور العدل وسور الحكمه
وأقدر اعد فمليون سور

ويصبح برضوا سليل الفشله
مُعيد في الجامعه يكون دكتور
والناجحين ب يموتوا بغيظهُم
للإرهاب ويعدوا السور
ونصبح كُلنا رِده وكفره
ونفضل نُصرُخ قيموا السور
سور العدل وسور الحق
وسور ملايين وقفت في طابور
كرهت بُكره خلاص مش قادره
تصدق يوم ح يجيها الدور
تقدر تلقى مكان في بلدها
ويسمح حد تقيم السور
سور العدل وسور الحكمه
وأقدر اعد ف مليون سور

ساكن أجمل كامب صفيح

وياللي بلادك خالف تُعرف
حلفت تمشي بعكس الريح
تبني عماير للي بيسرق
والشقيان يركب مراجيح
يفضل طول اليوم بيعافر
واخر الليل يُسكُن في صفيح
واما بيشبع فيها الظالم
يرمي يادوب حبة تلميح
للطوابير الواقفه ب تُصرُخ
فايض بيها وباديه تصيح
إنو خلاص حتروق وحتحلا
والتصريح بيجيب تصريح
والتصاريح اهي ماليه زكايب
ومافيش مره تداوي جريح
من أيامو لمينا الخالد
حتى مُدير عام المراجيح
كُل يومين نركب مُرجيحه
وكُل دقيقه يقول تصريح
إنو خلاص هانت يامُسهل
والكتاكيت في البيض حتصيح
نصحى نلاقي البيض اهو مشش
والكتاكيت خطفتها الريح
ويبقى الباقي خلاص يامُسهل
وافتح خُدلك كم تصريح
واشرب وانسى ان انتا معانا

وماشيين برضو ف عكس الريح
وان بلادنا الخالده دي بلدك
وانك يعني بدون تصريح
شوفت ازاي محظوظ ويابختك
شوفت ازاي وبدون تصريح
عايش فيها وشايف نفسك
لأ وكمان نايم في صفيح
واللاجئين حواليك شوف ياما
مُش لاقيين وفعز الريح
وانتا ياسيدي ياسيدى يابختك
ساكن أجمل كامب صفيح

كدب كتير

كتير باكدب على نفسي
واقول هانت ح تتعدل
والاقي الهم راكبني
يقول امتى انا حانزل
وبتتوه الخُطا مني
وتبدء تاني تتقندل
اصبرني واقول كمل
واديني في الأمل باجدل
لاعُمر الهم فارقني
ولاحظي الغريب بدل
وب استنى الربيع يطرح
والاقي خريفي بيعزل
وباتماشى مع الدنيا
واهي ماشيه وبترذل
واديني ماسك الدفه
باحاول في الوعود اغزل
وتتهربد لمية حته
وانا شايف وباستندل
وخايف مره اواجهها
لتُطرُدني تقول عزل

يابتوع الأمر الواقع

يابتوع الأمر الواقع
وكلاء وحنعمل ايه؟
حبِلِت دخِلِت في السابع
ورونا حتعملوا ايه؟
ومشيينا لحدها داركُم
ورجعنا بنسأل ايه؟
ناويين نُصبر وتكمِل
ولا ح تتباع للبيه
وياترى ح يخلي العيل؟
ولا ح يجهضها سفيه
ويقول لأ لازم تسقط
ومكانش دا ذنب البيه
نبدء من تاني نخطط
تخرب والرد طبيعي
طب كُنا ح نعمل ايه؟
نهتف كُلنا صوت واحد
لازم تتباع للبيه
ويخُش يدوس بالجزمه
والمتر كتير بجنيه
ويادوب ح تكفي ديونكُم
ينصحنا سعادة البيه
ونبيع ونوطي ف روسنا
مظبوط ياسعادة البيه
يابتاع الأمر الواقع
ياخبير في ح نعمل ايه؟

ناس بارود

فيه ناس بتنزل تتولد
عاشقه السجود
وفيه ناس بتنزل تتولد
حاضنه القيود
وفيه ناس بتنزل تتولد
راضعه البارود
قبل السبوع متجهزه
ب تحمي الحدود
قبل اما تلحق تتنفطم
بتكون جنود
يملا الممالك حسها
وتملا الوجود
وقت الملاحم تبهرك
وتكون داود
وقت الزراعة بتسعدك
تطرح ورود
تفتح مُدنها وقلبها
وتسقي الوجود
علم وحضاره ومعرفه
وعاشقه الُسجود
إله وهبها المرجله
وكُره القُيود

مسحوب الجنسيه

ويا مسحوب جنسية أهلك
اصحى وشوف بتكلم مين؟
صورة الريس ساكنه ف قلبي
وبُكرا حاركب قلب يمين
ويبقى الريس كُل كياني
واشرب شاي انا بالياسمين
وأي كلام انا مُمكن ابلغ
والحق دول مُش مصريين
لونكُم الاسمر يمكن بوهيا؟
اما المعبد دا من الصين
فُكك بقا من شُغل حجاره
وقصة بردي بقالها سنين
لو ع البردي اجيب مية كيلو
وفاهم برضو انا في التلوين
ايُها لون يعجبني ح الون
وبُص اهو شوف مُش مصريين
اما حكاية عضم جدودك
فانتا أكيد حتشيل الطين
شُفت ازاي نايمين في تُربنا؟
واحنا ازاي صابرين ساكتين؟
يبقا ياحلو لابُد ضريبه
وعداً نقداً ع النايمين
جوا تُربها بدون تسعيره
ناموا ارتاحوا وقضوا سنين
لأ وكمان عايزين جنسيه؟

وبعد شويه يقولوا ياطين
يبنوا بيوت ويقولوا نعمر
كونوا الأول مصريين

وعود الحياه

عم يابتاع البنادق

عاند الحياه

ساعات أمير وساعات ضرير

الشيخ شخاليل والشيخ صُرصار

كُلنا ب نُنصُب علينا

بلاد ماتت

ريحة الفلوس

مصرنا غير مصرُهُم

نصايح صُهيونيه

لا الحلم ولا الحنين

ابوخمسين في %الباشا

ساكن أجمل كامب صفيح

كدب كتير

يابتوع الأمر الواقع

ناس بارود

مسحوب الجنسيه

Don't miss out!

Visit the website below and you can sign up to receive emails whenever طارق التريري publishes a new book. There's no charge and no obligation.

https://books2read.com/r/B-A-KEUT-ZTTYB

BOOKS2READ

Connecting independent readers to independent writers.

About the Author

منشوراتي
في بلاد الأي حد
قلبي اللي عشقك
إنفصامستان
وجع القصيده
كُل العساكر كدابين
الصُبح في بلادي
شباكي الفاتح
سُلطان العاشقين
قُليل لما باشتاقلي
دوايرك
دم الحُسين
على باب الله
صباح القُدس
عند باب الحلم
لماكانت مصر دوله

www.ingramcontent.com/pod-product-compliance
Lightning Source LLC
Chambersburg PA
CBHW021959170726
47994CB00021B/1209